Dyma Sami Saith. Mae'n byw rhwng Cati Chwech a Wali Wyth ar Stryd y Rhifau.

Mae Sami Saith wrth ei fodd yn yr ardd.
Mae'n hapus iawn heddiw, gan ei fod yn
cael diwrnod braf o blannu hadau.

"Beth rwyt ti'n ei blannu, Sami Saith?"
meddai Wali Wyth.
"Dw i'n plannu moron."

Un, dau, tri, pedwar, pump, chwech, saith. Saith hedyn moron!

"Beth rwyt ti'n ei blannu nawr?"
meddai Wali Wyth.
"Dw i'n plannu mintys."

Un, dau, tri, pedwar, pump, chwech, saith. Saith hedyn mintys!

"Beth rwyt ti'n ei blannu nawr?" meddai Wali Wyth.

"Dw i'n plannu blodau!"

Un, dau, tri, pedwar, pump, chwech, saith. Saith hedyn blodyn!

"O! Dw i wrth fy modd efo blodau!"
meddai Wali Wyth.

Rai misoedd wedyn, mae planhigion
Sami Saith wedi tyfu. Ond o diar,
nid yw pob hedyn wedi tyfu. Dyma
bedair moronen!

Dyma ddau blanhigyn mintys! A dim ond un blodyn tlws sydd wedi tyfu!
Faint o bethau sydd wedi tyfu i gyd?

Mae pedwar a dau ac un yn gwneud saith.

"Dyma ti, Wali Wyth. Un blodyn tlws i ti."

"O diolch, Sami Saith! Mae hwn yn well
na dim!"

Ydych chi'n gweld **7**
yn rhywle?